essentials

Essentials liefern aktuelles Wissen in konzentrierter Form. Die Essenz dessen, worauf es als „State-of-the-Art" in der gegenwärtigen Fachdiskussion oder in der Praxis ankommt. Essentials informieren schnell, unkompliziert und verständlich

- als Einführung in ein aktuelles Thema aus Ihrem Fachgebiet
- als Einstieg in ein für Sie noch unbekanntes Themenfeld
- als Einblick, um zum Thema mitreden zu können

Die Bücher in elektronischer und gedruckter Form bringen das Expertenwissen von Springer-Fachautoren kompakt zur Darstellung. Sie sind besonders für die Nutzung als eBook auf Tablet-PCs, eBook-Readern und Smartphones geeignet.

Essentials: Wissensbausteine aus den Wirtschafts, Sozial- und Geisteswissenschaften, aus Technik und Naturwissenschaften sowie aus Medizin, Psychologie und Gesundheitsberufen. Von renommierten Autoren aller Springer-Verlagsmarken.

Thorsten Walter

Bring your own Device – Ein Praxisratgeber

HMD Best Paper Award 2014

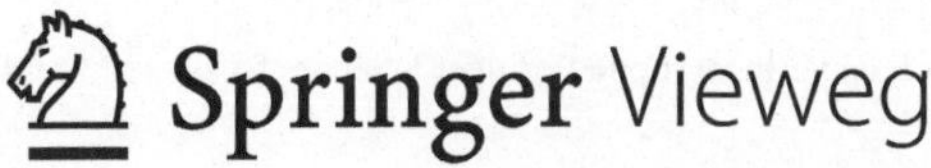

Thorsten Walter
Frankfurt am Main
Deutschland

ISSN 2197-6708   ISSN 2197-6716 (electronic)
essentials
ISBN 978-3-658-11590-6   ISBN 978-3-658-11591-3 (eBook)
DOI 10.1007/978-3-658-11591-3

Die Deutsche Nationalbibliothek verzeichnet diese Publikation in der Deutschen Nationalbiblio-
grafie; detaillierte bibliografische Daten sind im Internet über http://dnb.d-nb.de abrufbar.

Springer Vieweg

Gedruckt auf säurefreiem und chlorfrei gebleichtem Papier

Springer Fachmedien Wiesbaden ist Teil der Fachverlagsgruppe Springer Science+Business Media
(www.springer.com)

Vorwort

HMD Best-Paper-Award 2014 Der prämierte Beitrag

Die Unternehmens-IT verlässt mehr und mehr das in der Vergangenheit geschützte Umfeld der technischen, organisatorischen und rechtlichen Kontrolle über Endgeräte, Anwendungen und Daten. Steigende Beliebtheit von Smartphones, Tablets und weiterer mobiler Endgeräte aufgrund des breiten Leistungs- und Funktionsumfangs sowie der einfachen Bedienbarkeit dieser Geräte erhöht zunehmend den Druck auf die Unternehmen, dass die Mitarbeiter ihre privaten Endgeräte auch im beruflichen Aufgabenumfeld verwenden möchten. Unter dem Stichwort „Bring your own Device – BYOD" wird dieses Thema intensiv und teilweise stark emotionsgeladen in der Praxis diskutiert. Dabei stehen die Anforderungen der Unternehmen, Kontrolle über Daten und deren Nutzung zu gewährleisten und die Interessen der Mitarbeiter nach Schutz ihrer Privatsphäre in einem diametralen Verhältnis. Viele Unternehmen vermeiden hier eine umfangreiche Diskussion grundsätzlicher Lösungen, indem die Nutzung privater Endgeräte ohne weitergehende Regelungen und technische Maßnahmen toleriert wird – und riskieren dadurch aber letztendlich Verletzungen geltender Rechte und Gesetze. In seinem Beitrag zeigt der Autor anhand des Beispiels der privaten Nutzung von Firmen-E-Mail-Accounts durch die Mitarbeiter die juristischen und technischen Fallstricke auf. Darüber hinaus werden in dem Beitrag die heute gängigen technischen Lösungsansätze zur gesetzeskonformen Handhabung von BYOD in einer leicht verständlichen Form aufgezeigt, deren jeweilige Vor- und Nachteile diskutiert und bewertet. Sehr klar wird gegenüber gestellt, wie durch arbeitsvertragliche Regelungen bzw. Betriebsvereinbarungen die Nutzung der mobilen Geräte geregelt werden kann.

Die hohe Bedeutung des Themas für die Praxis der Unternehmens-IT, verbunden mit der Kompetenz des Autors, juristische Zusammenhänge vor dem relevanten technischen Hintergrund verständlich und nachvollziehbar darzustellen, haben die Entscheidung der HMD-Jury zur Prämierung dieses Beitrags für den HMD Best-Paper-Award 2014 geleitet.

Die HMD – Praxis der Wirtschaftsinformatik und der HMD Best Paper Award Alle HMD-Beiträge basieren auf einem Transfer wissenschaftlicher Erkenntnisse in die Praxis der Wirtschaftsinformatik. Umfassendere Themenbereiche werden in HMD-Heften aus verschiedenen Blickwinkeln betrachtet, so dass in jedem Heft sowohl Wissenschaftler als auch Praktiker zu einem aktuellen Schwerpunktthema zu Wort kommen. Den verschiedenen Facetten eines Schwerpunktthemas geht ein Grundlagenbeitrag zum State of the Art des Themenbereichs voraus. Damit liefert die HMD IT-Fach- und Führungskräften Lösungsideen für ihre Probleme, zeigt ihnen Umsetzungsmöglichkeiten auf und informiert sie über Neues in der Wirtschaftsinformatik. Studierende und Lehrende der Wirtschaftsinformatik erfahren zudem, welche Themen in der Praxis ihres Faches Herausforderungen darstellen und aktuell diskutiert werden.

Wir wollen unseren Lesern und auch solchen, die HMD noch nicht kennen, mit dem „HMD Best Paper Award" eine kleine Sammlung an Beiträgen an die Hand geben, die wir für besonders lesenswert halten, und den Autoren, denen wir diese Beiträge zu verdanken haben, damit zugleich unsere Anerkennung zeigen. Mit dem „HMD Best Paper Award" werden alljährlich die drei besten Beiträge eines Jahrgangs der Zeitschrift „HMD – Praxis der Wirtschaftsinformatik" gewürdigt. Die Auswahl der Beiträge erfolgt durch das HMD-Herausgebergremium und orientiert sich an folgenden Kriterien:

- Zielgruppenadressierung
- Handlungsorientierung und Nachhaltigkeit
- Originalität und Neuigkeitsgehalt
- Erkennbarer Beitrag zum Erkenntnisfortschritt
- Nachvollziehbarkeit und Überzeugungskraft
- Sprachliche Lesbarkeit und Lebendigkeit

Alle drei prämierten Beiträge haben sich in mehreren Kriterien von den anderen Beiträgen abgesetzt und verdienen daher besondere Aufmerksamkeit. Neben dem Beitrag von Thorsten Walter: Bring your own Device – Ein Praxisratgeber wurden ausgezeichnet:

- Györy, A.; Seeser, G; Cleven, A.; Uebernickel, F.; Brenner, W.: Projektübergreifendes Management – Der strategische Applikationslebenszyklus am Beispiel des BMW Q-Cockpit. HMD – Praxis der Wirtschaftsinformatik 51 (2014), 299, S. 643–656.
- Wachter, S; Zaelke, T.: Systemkonsolidierung und Datenmigration als geschäftskritische Erfolgsfaktoren. HMD – Praxis der Wirtschaftsinformatik 51 (2014), 296, 142–153.

Die HMD ist vor 50 Jahren erstmals erschienen: Im Oktober 1964 wurde das Grundwerk der ursprünglichen Loseblattsammlung unter dem Namen „Handbuch der maschinellen Datenverarbeitung" ausgeliefert. Seit 1998 lautet der Titel der Zeitschrift unter Beibehaltung des bekannten HMD-Logos „Praxis der Wirtschaftsinformatik", seit Januar 2014 erscheint sie bei Springer Vieweg. Verlag und HMD-Herausgeber haben sich zum Ziel gesetzt, die Qualität von HMD-Heften und -Beiträgen stetig weiter zu verbessern. Jeder Beitrag wird dazu nach Einreichung doppelt begutachtet: Vom zuständigen HMD- oder Gastherausgeber (Herausgebergutachten) und von mindestens einem weiteren Experten, der anonym begutachtet (Blindgutachten). Nach Überarbeitung durch die Beitragsautoren prüft der betreuende Herausgeber die Einhaltung der Gutachtervorgaben und entscheidet auf dieser Basis über Annahme oder Ablehnung. Jedes Heft wird zudem nach Erscheinen von einem HMD-Herausgeber hinsichtlich Ausgewogenheit, Vollständigkeit und Qualität der einzelnen Heftbausteine begutachtet. Daraus gewonnene Erkenntnisse tragen zur Weiterentwicklung der Zeitschrift und zur Verbesserung des Betreuungsprozesses durch die Herausgeber bei.

Stuttgart   Hans-Peter Fröschle

Was Sie in diesem Essential finden können

- Aufbereitung der juristischen und technischen Fallstricke beim Einsatz von „Bring your own device" im Unternehmen
- Gegenüberstellung der arbeitsrechtlichen Regelungsinstrumente
- Vorstellung der technischen Lösungsmöglichkeiten zur Umsetzung von BYOD im Unternehmen
- Empfehlungen zum notwendigen Regelungsinhalt in Nutzungsvereinbarungen

Inhaltsverzeichnis

Schöne neue Welt

1

Viele Unternehmen stellen ihren Mitarbeitern anstelle von stationären Arbeitsplatzrechnern mobile Notebooks zur Verfügung. Technisch unterscheiden diese Geräte sich kaum von ihren stationären Pendants. Betriebssystem und verbaute Hardware sind weitgehend identisch. Bedienung und Nutzverhalten weichen kaum von stationären Arbeitsplatzrechnern ab. Das mobile Arbeiten wird meist durch besonders gesicherte Datenkanäle oder eine virtualisierte Arbeitsumgebung realisiert.

Bei Smartphones und Tablet-Computern ist dies anders. Diese Geräte sind für den Consumer-Markt entwickelt. Hardware und Systemsoftware sind auf die privaten Belange ihrer Nutzer abgestimmt. Ihr Bedienkonzept und die jederzeit durch die Installation von Apps erweiterbaren Funktionalitäten haben zu einem neuen Nutzerverhalten geführt. Während Notebooks im Privatbereich zur Verwaltung von medialen Inhalten wie Musik, Fotos oder Videos verwendet werden, haben sich Smartphones zur mobilen Allzweckwaffe entwickelt. Im Privatbereich erfolgt die Kommunikation kaum noch via E-Mail. Nachrichten, Fotos und andere mediale Inhalte werden heute über WhatsApp, Facebook, Twitter, Skype und Co. ausgetauscht. Durch die ständige Verbindung mit dem Internet und entsprechende Apps kann über das Smartphone überall und jederzeit auf Inhalte zugegriffen werden. Smartphones sind mangels eines zeitraubenden Boot-Vorgangs sofort einsatzbereit.

All dies hat dazu geführt, dass Arbeitnehmer die ihnen aus dem Privatbereich bekannten Annehmlichkeiten auch im beruflichen Umfeld nutzen wollen.

© Springer Fachmedien Wiesbaden 2015
T. Walter, *Bring your own Device – Ein Praxisratgeber,* essentials,
DOI 10.1007/978-3-658-11591-3_1

Die Kehrseite

2

Diese Entwicklung stellt Unternehmen vor einige Herausforderungen. Die Kommunikation zwischen Smartphone und Unternehmensservern muss gesichert, die sichere Speicherung der Unternehmensdaten auf dem Smartphone gewährleistet und die Daten vor Schadsoftware geschützt werden. Die gegenüber einem Notebook nochmals gesteigerte Mobilität eines Smartphones birgt ein erhöhtes Risiko für die dort gespeicherten Daten. Durch ihr geringes Gewicht und Größe sind Smartphones grenzenlos einsetzbar. Kehrseite dieses Mobilitätsgewinns ist, dass Abmessungen und Einsetzbarkeit auch das Risiko einer Entwendung oder des Verlusts steigern.

Datenschutzrechtlich ist ein Unternehmen die für die Verarbeitung von personenbezogenen, dienstlichen (Mitarbeiter- oder Kunden-) Daten verantwortliche Stelle und zwar auch dann, wenn die Daten auf dem mobilen Endgerät des Mitarbeiters verarbeitet werden (vgl. § 3 Abs. 7 BDSG). Es muss die technischen und organisatorischen Maßnahmen treffen, um die gesetzlichen Anforderungen an den Datenschutz und die Datensicherheit zu gewährleisten. Diese Anforderungen ergeben sich vor allem aus der Anlage zu § 9 Satz 1 BDSG. Danach muss das Unternehmen unter anderem gewährleisten, dass die Nutzung des Datenverarbeitungssystems durch Unbefugte ausgeschlossen ist und Mitarbeiter nur im Rahmen bestehender Berechtigungen auf Daten zugreifen können. Die Daten müssen vor Zerstörung und Verlust geschützt und ihre Vertraulichkeit und Integrität gewährleistet sein. Außerdem muss das Unternehmen sicherstellen, dass nachträglich festgestellt werden kann, ob und von wem Daten in das Datenverarbeitungssystem eingegeben, verändert oder entfernt worden sind.

Die Datenverarbeitung findet bei BYOD nicht auf einem stationären Gerät in der sicheren Arbeitsumgebung des Büros, sondern meist unterwegs, auf einem mobilen Gerät des Mitarbeiters statt. Das Unternehmen muss technische und organisatorische Maßnahmen ergreifen, um Datenschutz und Datensicherheit zu

© Springer Fachmedien Wiesbaden 2015
T. Walter, *Bring your own Device – Ein Praxisratgeber,* essentials,
DOI 10.1007/978-3-658-11591-3_2

gewährleisten. Dies setzt eine zentrale Überwachung und Steuerung des eingesetzten Gerätes voraus. Da das Gerät bei BYOD im Eigentum des Mitarbeiters
steht, das Unternehmen also nicht nach Belieben über das Gerät disponieren kann,
bedarf es einer Regelung über die (Mitwirkungs-) Pflichten des Mitarbeiters im
Zusammenhang mit der BYOD-Gestellung.

Überschneidung von beruflicher und Privatsphäre

3

BYOD führt denknotwendig dazu, dass auf dem privaten Gerät des Mitarbeiters neben den Unternehmensdaten auch private Daten des Mitarbeiters, wie Fotos, Videos, E-Mails, Kalendereinträge etc., gespeichert sind.

Die rechtlichen Schwierigkeiten der gemischten (privat- und dienstlichen-) Nutzung sind zwar kein BYOD-spezifisches Problem. Die gleichen Herausforderungen stellen sich dem Arbeitgeber, der die Privatnutzung dienstlicher IT-Ressourcen, beispielsweise des dienstlichen E-Mail-Accounts, erlaubt oder – und das ist der Regelfall – sehenden Auges duldet. Anders als bei BYOD kann der Arbeitgeber das Gros der mit der Privatnutzung verbundenen Risiken und Probleme aber dadurch umgehen, dass er die Privatnutzung untersagt. Bei BYOD-Modellen kann der Arbeitgeber die Privatnutzung des Geräts nicht untersagen, weil das Gerät im Eigentum des Arbeitnehmers steht.

Die rechtlichen Schwierigkeiten sollen deshalb nachfolgend am Beispiel der privaten E-Mail-Nutzungsmöglichkeit exemplarisch dargestellt werden.

Ist der Zugriff auf das dienstliche E-Mail-Konto des Mitarbeiters notwendig, beispielsweise im laufenden Geschäftsbetrieb bei längerer Krankheit, Urlaub oder bei Ausscheiden des Mitarbeiters, oder gesetzlich vorgeschrieben, beispielsweise zur rechtskonformen Archivierung der E-Mail-Kommunikation (handelsrechtliche Buchführungspflicht nach § 238 HGB und steuerrechtliche Aufbewahrungspflicht gemäß § 147 AO), wird die Privatnutzung zum Problem für das Unternehmen.

© Springer Fachmedien Wiesbaden 2015
T. Walter, *Bring your own Device – Ein Praxisratgeber,* essentials,
DOI 10.1007/978-3-658-11591-3_3

3.1 Verstoß gegen das Fernmeldegeheimnis bei erlaubter Privatnutzung des dienstlichen E-Mail-Accounts

In Literatur und Rechtsprechung wird nach wie vor darüber gestritten, ob der Arbeitgeber, der E-Mail- und Telefoniesysteme im dienstlichen Umfeld auch zur privaten Nutzung frei gibt, zum Telekommunikationsdiensteanbieter wird und dem Fernmeldegeheimnis unterliegt (vergleiche hierzu die jüngst ergangenen Urteile des LAG Niedersachen vom 31.05.2010 – 12 Sa 875/09 und des LAG Berlin Brandenburg, Urteil vom 16.02.2013 – 4 Sa 2132/10). Für den Arbeitgeber bedeutet dies ein hohes Maß an Rechtsunsicherheit. Bejaht man die Eigenschaft des Arbeitgebers als Telekommunikationsdiensteanbieter, ist er verpflichtet, technische Vorkehrungen zum Schutz des Fernmeldegeheimnisses und gegen die Verletzung des Schutzes personenbezogener Daten zu treffen. Er darf von der Kommunikation des Arbeitnehmers keine Kenntnis erlangen und die Bestands- und Verkehrsdaten nur unter strengen Voraussetzungen verarbeiten. Da das Fernmeldegeheimnis aber nur den Kommunikationsprozess schützt, hängt es maßgeblich davon ob, an welchem Punkt des Kommunikationsprozesses die Daten erfasst werden (vgl. mehr zur Anwendbarkeit des TKG im Zusammenhang mit E-Mail-Kommunikation im Beschluss des Bundesverfassungsgerichts vom 18.06.2009 – 2 BvR 902/06).

3.2 Datenschutz

§ 32 Abs. 1 BDSG erlaubt den Zugriff auf die personenbezogenen Daten eines Mitarbeiters, wenn dies für die Begründung, Durchführung oder Beendigung des Arbeitsverhältnisses erforderlich ist. Der Zugriff auf private Daten des Mitarbeiters ist von § 32 BDSG, aber auch von den anderen Rechtfertigungsnormen des BDSG, nicht gedeckt. Die Kenntnis privater Arbeitnehmerdaten ist für die Begründung, Durchführung oder Beendigung des Arbeitsverhältnisses aus Arbeitgebersicht mitunter interessant; notwendig ist die Datenerhebung nicht. Da bei BYOD neben den Unternehmensdaten auch private Daten des Mitarbeiters, wie Fotos, Videos, E-Mails, Kalendereinträge etc., auf dem Gerät gespeichert sind, erlangt der Arbeitgeber bei einem Zugriff auf das Gerät zwangsläufig auch von den privaten Arbeitnehmerdaten Kenntnis. In vielen Fällen wird das Unternehmen erst nach einem Zugriff feststellen können, ob die Daten privater oder dienstlicher Natur sind. Deshalb ist der Zugriff des Unternehmens auf die auf dem Gerät gespeicherten Daten, sei es im Wege der physischen Herausgabe oder mittels eines externen Remote-Zugriffs, datenschutzrechtlich regelmäßig unzulässig, wenn die Unternehmensdaten nicht von den privaten Daten des Mitarbeiters getrennt gespeichert sind.

3.2.1 Einwilligung des Mitarbeiters problematisch

Ein Zugriff auf die privaten Arbeitnehmerdaten setzt die Einwilligung des betroffenen Mitarbeiters voraus. Eine Einwilligung ist datenschutzrechtlich problematisch und für das Unternehmen mit rechtlichen Risiken und zahlreichen Unsicherheiten verbunden. Zum einen, weil auch nicht unternehmensangehörige Dritte, beispielsweise Familienangehörige, die auf den gespeicherten Fotos abgebildet sind, oder der Absender einer privaten E-Mail, bei einem Datenzugriff durch das Unternehmen datenschutzrechtlich betroffen sind. Die Einwilligung des Mitarbeiters hindert den Datenschutzverstoß bei Zugriff auf die Daten Dritter nicht. Zum anderen stellen die Aufsichtsbehörden im Kontext eines Arbeitsverhältnisses hohe Anforderungen an die Freiwilligkeit der Einwilligung des Mitarbeiters. Für das Unternehmen besteht also das Risiko, dass die Einwilligung des Mitarbeiters unwirksam, der Datenzugriff deshalb rechtswidrig ist. Aber selbst wenn die Einwilligung wirksam wäre, besteht das Risiko der Verletzung der Daten Dritter. Die engen Grenzen, die Gesetz und Rechtsprechung dem Unternehmen für den Zugriff auf private Datenbestände des Mitarbeiters gesetzt haben, begründen für das Unternehmen ein hohes Maß an Rechtsunsicherheit.

3.2.2 Getrennte E-Mail-Konten als Lösungsansatz

Eine Trennung zwischen dienstlichen und privaten E-Mails wäre auch bei der Einrichtung getrennter E-Mail-Accounts oder der Verwendung verschiedener E-Mail-Applikationen für die dienstliche und private E-Mail-Kommunikation gewährleistet.

Die Verwaltung der E-Mails erfolgt dann innerhalb derselben Arbeitsumgebung, jedoch in getrennten Anwendungen oder E-Mail-Konten. Das Problem des Arbeitgebers löst dies nicht. Alle am Markt gängigen Smartphone-Betriebssysteme bieten die Möglichkeit, das Gerät mit einem so genannten Remote-Wipe vollständig zu löschen. Ein Remote-Wipe ist unter Umständen sinnvoll, wenn das Smartphone gestohlen wurde oder die Löschung zur Entfernung von Schadsoftware erforderlich ist. Muss der Arbeitgeber die Daten auf dem Smartphone des Mitarbeiters mittels eines Remote-Wipe löschen und sind neben den dienstlichen Daten auch private Daten auf dem Gerät, unter anderem die im privaten E-Mail-Account gespeicherten privaten E-Mails, werden neben der arbeitgeberseitig beabsichtigten Löschung dienstlicher Daten auch private Daten des Mitarbeiters gelöscht. Auch bei der Durchführung von Wartungs- oder Servicearbeiten auf dem Gerät kann der Zugriff auf die privaten Arbeitnehmerdaten nicht ausgeschlossen werden. Das potenzielle Risiko einer Datenschutzverletzung besteht also auch dann, wenn E-Mails in zwei unterschiedlichen E-Mail-Konten oder getrennten Anwendungen verwaltet werden. Der Zugriff des Unternehmens auf private Arbeitnehmerdaten lässt sich dadurch nicht ausschließen.

3.3 Fazit

Wegen der zahlreichen Risiken und rechtlichen Unsicherheiten für das Unternehmen muss eine Mobile Device Management-Lösung (nachfolgend: MDM) gewährleisten, dass die privaten Arbeitnehmerdaten von den Unternehmensdaten derart getrennt sind, dass das Unternehmen nicht, auf die privaten Daten des Mitarbeiters zugreifen kann.

Technische Umsetzung 4

Die Industrie hat auf die Herausforderungen reagiert. Es gibt zahlreiche technische Lösungen zur Umsetzung von BYOD. Einige der angebotenen MDM-Lösungen haben technische Nachteile, andere bilden die juristischen Anforderungen nur unzureichend ab, wieder andere leiden anwendungsbedingt unter stark eingeschränkten Bedienkomfort.

4.1 Secure Device

Bei der als „Secure Device" bezeichneten Lösung werden alle benötigten Management- und Security-Tools direkt auf dem Smartphone-Betriebssystem installiert. Sie setzen unmittelbar auf dem Betriebssystem des Smartphones auf und schützen das gesamte Gerät beispielsweise durch den Einsatz einer Verschlüsselung. Die Daten werden unmittelbar auf dem Gerät gespeichert und verarbeitet.

Diese Lösung ist sowohl technisch als auch unter datenschutzrechtlichen Gesichtspunkten problematisch. Die Management- und Security-Tools werden unmittelbar auf dem Betriebssystem des Smartphones installiert. Da die gängigen Betriebssysteme wie Apples IOS oder Googles Android für den Consumer-Markt und nicht für den Einsatz im geschäftlichen Umfeld konzipiert wurden, weisen sie zahlreiche Sicherheitslücken auf, die die Datensicherheit gefährden können. Inwieweit Jailbreak- und Routing-Erkennung-Tools diesen Risiken entgegenwirken ist unklar. Neben möglichen Sicherheitslücken ist die „Secure Device"-Methode datenschutzrechtlich problematisch. Private und Unternehmensdaten werden unmittelbar auf dem Gerät verarbeitet, ohne dass eine Trennung der Datenbestände erfolgt. Mangels Trennung der Datenbestände kann das Unternehmen nicht auf die auf dem Gerät gespeicherten Informationen zugreifen, ohne das Datenschutzrecht des Arbeitnehmers zu verletzen. Ein weiteres Risiko besteht in der Installations-

© Springer Fachmedien Wiesbaden 2015
T. Walter, *Bring your own Device – Ein Praxisratgeber,* essentials,
DOI 10.1007/978-3-658-11591-3_4

möglichkeit funktionserweiternder Apps. Viele, meist kostenlose Apps greifen auf die auf dem Smartphone gespeicherten Informationen, zum Beispiel auf die Kontaktdaten oder den Standort, zu und geben diese Daten an den App-Anbieter oder Provider weiter. Dies ist für den Nutzer meist nicht erkennbar. Die Installation von nicht vertrauenswürdigen Apps stellt ein erhebliches Risiko für die IT-Sicherheit des Unternehmens dar.

4.2 Desktop Virtualisierung

Ein weiterer Ansatz ist die schon weit verbreitete Virtualisierung der Arbeitsumgebung durch den Einsatz von Terminalservern. Bei dieser auch als Desktop-Virtualisierung bezeichneten Lösung werden die Daten in der virtualisierten Arbeitsumgebung eines Cloud-Dienstes oder des Unternehmensservers gespeichert und verarbeitet. Eine lokale Speicherung der Daten auf dem Gerät erfolgt nicht. Das mobile Endgerät dient nur als Ein- beziehungsweise Ausgabegerät für die andernorts verarbeiteten und gespeicherten Daten. Der Vorteil solcher Virtualisierungslösungen liegt in der umfassenden Kontrolle des Unternehmens über die verwendeten Software-Applikationen und die verarbeiteten Daten. Da technisch keine Daten auf dem mobilen Endgerät gespeichert oder dorthin übertragen werden, ist der Verlust des Geräts unproblematisch. Es reicht aus, den Zugang des abhanden gekommenen Geräts zum Firmen-Netzwerk zu sperren. Mangels lokaler Speicherung von Unternehmensdaten auf dem abhandengekommenen Gerät ist das Risiko eines Datenverlusts nahezu ausgeschlossen. Größter Nachteil dieser Lösung ist, dass ihre Nutzung eine ausreichend dimensionierte Internetverbindung zwischen Smartphone und Unternehmens-Server voraussetzt. Ohne Internetverbindung ist das Smartphone kaum nutzbar, da keine lokale Datenspeicherung erfolgt. Ein weiterer Nachteil der Desktopvirtualisierung liegt in der eingeschränkten Usability. Die Serverdienste sind meistens für den Desktopeinsatz konzipiert und nicht für die Nutzung mit einem Smartphone oder Tablet optimiert. Den von den Mitarbeitern erwarteten Bedienkomfort bieten diese Lösungen in der Regel nicht.

4.3 Plattform-Virtualisierung und Container

Bei der Plattform-Virtualisierung werden zwei virtuelle Maschinen auf dem Gerät betrieben, die jeweils einen virtuellen Rechner simulieren. Betriebssystem und Anwendungen werden in virtuellen Umgebungen ausgeführt. Ein Datenaustausch zwischen den beiden virtuellen Maschinen kann technisch unterbunden werden, so dass zwei unabhängige Systemumgebungen getrennt in virtuellen Maschinen nebeneinander arbeiten. Der Mitarbeiter kann in der virtualisierten Privatumgebung beliebige Apps und Anwendungen betreiben. Administrationsaufwendige Black-Lists, die ausgewählte Apps von der Installation auf dem Gerät ausschließen, entfallen. Anders als bei der Desktop-Virtualisierung erfolgt die Trennung der Datenbestände nicht auf Anwendungs- sondern auf Betriebssystemebene.

Nach einem ähnlichen Prinzip arbeiten die sogenannten Containerlösungen. Die Containerlösungen stellen eine besonders geschützte und von den persönlichen Apps und Daten des Arbeitnehmers getrennte Arbeitsumgebung zur Verfügung. Entweder laufen die Softwareapplikationen für E-Mail, Kalender und Kontakte gemeinsam in einer abgeschotteten Arbeitsumgebung – dem Container – oder jede Softwareapplikation wird in einem separaten gesicherten Container betrieben. In beiden Fällen sind die Unternehmensdaten durch den Einsatz des Containers beziehungsweise der Container technisch von den Daten des Arbeitnehmers getrennt. Eine Übertragung oder Kopie der Daten aus der gesicherten Arbeitsumgebung des Containers in den privaten Bereich des Arbeitnehmers ist technisch ausgeschlossen.

Die technische Trennung von privaten Arbeitnehmer- und Unternehmensdaten, sei es im Wege der Plattform-Virtualisierung oder dem Einsatz einer Container-Lösung kommt den hohen Anforderungen an IT-Sicherheit, Datenschutz und Useability am nächsten. Die Trennung der Datenbestände schließt einen Zugriff des Unternehmens auf die privaten Daten des Arbeitnehmers aus. Da die Unternehmensanwendungen entweder in einer separaten virtuellen Maschine oder in einer gekapselten Arbeitsumgebung laufen, ein externer Zugriff aus der Privatumgebung auf die dort gespeicherten Daten und Anwendungen nahezu ausgeschlossen ist, unterliegt der Mitarbeiter kaum Einschränkungen im Hinblick auf die Speicherung von Inhalten und die Installation von Apps auf dem Smartphone. Die Installation von besonders „mitteilsamen" Apps sollte aus Sicherheitsgründen dennoch untersagt werden. Auch die Ferndatenlöschung mittels eines Remote-Wipes ist problemlos möglich, da die gängigen MDM-Tools die isolierte Löschung der virtuellen Maschine beziehungsweise des Containers zulassen. Der Sicherheitsstandard hängt letztendlich von der gewählten MDM-Lösung und deren Anpassung an die individuellen Bedürfnisse des Unternehmens ab.

5.1 Regelungsinstrumente

Wie bei der technischen Umsetzung gibt es auch juristisch mehr oder weniger praktikable Lösungen für die Gestaltung der Nutzungsvereinbarung. Unabhängig davon, für welche der angebotenen MDM-Modelle sich der Arbeitgeber entscheidet, ist der Abschluss einer Nutzungsvereinbarung, die neben der Einwilligung des Mitarbeiters alle wechselseitigen Rechte und Pflichten regelt, unumgänglich.

5.1.1 Policies des Arbeitgebers

Auf Grund des arbeitgeberseitigen Direktionsrechts kann der Arbeitgeber unter anderem auch darüber entscheiden, mit welchen technischen Mitteln der Arbeitnehmer seine Arbeitsleistung zu erbringen hat. Stellt der Unternehmen dem Arbeitnehmer ein Gerät für die dienstliche Nutzung zur Verfügung, kann er auch über Art und Umfang der Nutzung entscheiden. Bei der dienstlichen Nutzung eines privaten Geräts des Arbeitnehmers ist dies anders. Das Privateigentum des Arbeitnehmers unterliegt nicht der Dispositionsbefugnis des Arbeitgebers, eine arbeitgeberseitige Weisung an den Mitarbeiter, sein Privatgerät zukünftig auch zur Erledigung seiner dienstlichen Aufgaben zu nutzen, ist unwirksam. BYOD-Modelle lassen sich nicht mit Hilfe von arbeitgeberseitigen Arbeitsanweisungen umsetzen.

5.1.2 Arbeitsvertragliche Regelung

Eine Vereinbarung zwischen Unternehmen und Mitarbeiter über Nutzung und Kontrolle des privaten Geräts des Mitarbeiters bietet weitreichende Gestaltungs-

© Springer Fachmedien Wiesbaden 2015
T. Walter, *Bring your own Device – Ein Praxisratgeber,* essentials,
DOI 10.1007/978-3-658-11591-3_5

möglichkeiten. In kleineren, meist betriebsratslosen Betrieben ist die Vereinbarung zwischen Arbeitgeber und Arbeitnehmer die einzige Möglichkeit für die Umsetzung von BYOD. Allerdings kann der Arbeitgeber den Abschluss einer solchen Vereinbarung nicht erzwingen. Der administrative Aufwand bei Abschluss und Änderung solcher Regelungen ist bei einer signifikanten Zahl von Nutzern hoch. Arbeitsvertragliche Vereinbarungen unterliegen der sogenannten AGB-Kontrolle. Unangemessene Eingriffe in Rechtspositionen des Arbeitnehmers, beispielsweise ein Ausschluss jeder Privatnutzungsmöglichkeit, sind unwirksam und führen zu einem ungeregelten Zustand. Gerade diesen Zustand will der Arbeitgeber mit Abschluss einer Nutzungsvereinbarung vermeiden.

5.1.3 Betriebsvereinbarung

Besteht im Unternehmen ein Betriebsrat, unterliegt die Einführung von BYOD der Mitbestimmung des Betriebsrates. Gemäß § 87 Abs. 1 Nr. 6 BetrVG ist die Einführung und Anwendung technischer Einrichtungen zur Überwachung von Verhalten und Leistung der Arbeitnehmer mitbestimmungspflichtig und zwar unabhängig davon, ob eine Überwachung beabsichtigt oder gewollt ist. Die bloße technische Möglichkeit der Überwachung reicht aus. Da bei modernen Smartphones eine Überwachung ihres Nutzers technisch möglich ist, löst die theoretische Überwachungsmöglichkeit das Mitbestimmungsrecht des Betriebsrats aus. Aufgrund der Tatsache, dass die Nutzung mobiler Geräte auch die Ordnung des Betriebes und das Verhalten der Arbeitnehmer im Betrieb betrifft, ist die Einführung auch nach § 87 Abs. 1 Nr. 1 Betriebsverfassungsgesetz mitbestimmungspflichtig. Das Mitbestimmungsrecht des Betriebsrats ist zwingend. Der Arbeitgeber kann die Einführung von BYOD nicht gegen den Willen des Betriebsrats durchsetzen. Lässt sich eine Einigung nicht herstellen, stehen Arbeitgeber und Betriebsrat der Weg zur Einigungsstelle offen. Die Entscheidung der Einigungsstelle ist für beide Parteien bindend.

Bei gutem Verhältnis zum Betriebsrat ist die Betriebsvereinbarung zur Regelung von BYOD das Mittel der Wahl.

Haben Unternehmen und Betriebsrat sich auf eine Regelung verständigt, wird hierüber eine Betriebsvereinbarung geschlossen. Aufgrund der eingeschränkten Geltung des AGB-Rechts auf Betriebsvereinbarungen ist der Gestaltungspielraum von Unternehmen und Betriebsrat größer als bei arbeitsvertraglichen Vereinbarungen. Zudem wirken Änderungen einer Betriebsvereinbarung automatisch auf alle Arbeitsverhältnisse, was den administrativen Aufwand gering hält.

5.2 Notwendiger Regelungsinhalt

Kontrolle und Steuerung des mobilen Geräts erfolgt durch die Installation entsprechender Apps oder des MDM-Tools auf dem Gerät des Mitarbeiters. Das Gerät steht im Eigentum des Mitarbeiters, die Speicherung von Daten oder die Installation von Anwendungen auf diesem Gerät ist ohne Einwilligung des Mitarbeiters unzulässig. Unabhängig von der technischen Umsetzung muss der Arbeitnehmer in die Installation und Speicherung von Daten auf seinem Privatgerät einwilligen. Entsprechendes gilt für die Durchführung von Wartungsarbeiten und Kontrollmaßnahmen. Da das Unternehmen rechtlich für Datenschutz und Datensicherheit verantwortlich ist, sollten Einrichtungs- und Wartungsarbeiten von der IT-Abteilung des Unternehmens und nicht vom Mitarbeiter selbst durchgeführt werden. Darüber hinaus sollte das Unternehmen kontrollieren, ob die arbeitgeberseitigen Vorgaben für die Verwendung des Geräts eingehalten werden. Auch hierfür ist unter Umständen die physische Herausgabe des Geräts, jedenfalls aber eine Remote-Zugriffsmöglichkeit erforderlich. Da der Mitarbeiter grundsätzlich nicht verpflichtet ist, das Gerät an das Unternehmen herauszugeben, bedarf es einer Regelung über die Herausgabepflichten des Mitarbeiters.

Das Unternehmen sollte den Mitarbeiter zudem verpflichten, die private SIM-Karte für die dienstliche Kommunikation zu nutzen. Dann fehlt es an der Telekommunikationsdiensteanbietereigenschaft. Die strengen Regelungen des Telekommunikationsgesetzes finden keine Anwendung. Zuvor ist allerdings zu prüfen, ob der Mobilfunktarif des Mitarbeiters auch eine gewerbliche Nutzung zulässt. Einige Mobilfunktarife sind als „Privatkundentarife" ausgestaltet und verbieten die Nutzung zu gewerblichen Zwecken. Die dienstliche Nutzung seiner eigenen SIM-Karte hat arbeitsrechtlich einen Kostenerstattungsanspruch des Mitarbeiters zu Folge. In der Nutzungsvereinbarung mit dem Arbeitnehmer sollte eine Regelung über die Erstattung der durch die dienstliche Nutzung verursachten Kosten vereinbart werden. Hier kann ein Pauschalbetrag vereinbart werden.

Im Übrigen ist der Inhalt der Nutzungsvereinbarung von der Umsetzung im Unternehmen, der eingesetzten MDM-Lösung und dem Einsatzgebiet der Smartphones abhängig. Neben den Kernthemen der BYOD-Nutzung sollten auch die daraus resultierenden Folgefragen geregelt werden. Dazu gehören unter anderem arbeitszeitrechtliche Vorgaben des Arbeitgebers im Zusammenhang mit der Smartphone-Nutzung.

Alle arbeitsvertraglichen Regelungen unterliegen der AGB-Kontrolle. Ein AGB-Verstoß vernichtet im Zweifel die gesamte Klausel. Deshalb sollte bei der Gestaltung der Vereinbarung großer Wert auf die exakte juristische Formulierung gelegt werden.

Was Sie aus diesem Essential mitnehmen können

- Sensibilisierung hinsichtlich der juristischen und technischen Problemstellungen beim Einsatz von BYOD anhand praktischer Beispiele
- Gegenüberstellung der technischen Lösungen zur Umsetzung von BYOD in leicht verständlicher Form
- Erläuterung der arbeitsrechtlichen Regelungsinstrumente
- Leitfaden über notwendige Regelungsinhalte in Nutzungsvereinbarungen

© Springer Fachmedien Wiesbaden 2015
T. Walter, *Bring your own Device – Ein Praxisratgeber,* essentials,
DOI 10.1007/978-3-658-11591-3

Bibliographische Informationen

Walter, T. (2014). Bring your own device – Ein Praxisratgeber. *HMD – Praxis der Wirtschaftsinformatik, 51*(295), 84–93.

© Springer Fachmedien Wiesbaden 2015
T. Walter, *Bring your own Device – Ein Praxisratgeber,* essentials,
DOI 10.1007/978-3-658-11591-3